AF278648

DE L'INFLUENCE

DU

SOCIALISME

ET

DU MATÉRIALISME

AU POINT DE VUE

DE LA POLITIQUE EXTÉRIEURE CONTEMPORAINE

Par E. FOURNET ∴

CLERMONT-FERRAND

TYPOGRAPHIE ET LITHOGRAPHIE G. MONT-LOUIS

Rue Barbançon, 2

1883

DE L'INFLUENCE

DU

SOCIALISME

ET

DU MATÉRIALISME

AU POINT DE VUE

DE LA POLITIQUE EXTÉRIEURE CONTEMPORAINE

Par E. FOURNET

CLERMONT-FERRAND

TYPOGRAPHIE ET LITHOGRAPHIE G. MONT-LOUIS

Rue Barbançon, 2

1883

DE L'INFLUENCE

DU

SOCIALISME ET DU MATÉRIALISME

AU POINT DE VUE

DE LA POLITIQUE EXTÉRIEURE CONTEMPORAINE

Mont-Dore, août 1882.

Au Cher et Vénéré Maitre.

Nul de nous n'ignore que Paris marche et a toujours marché à la tête de la civilisation, qu'il avance même sur la province, comme celle-ci avance à son tour sur le reste de l'Europe.

La plupart d'entre nous savent aussi que l'unité française, commencée sous Louis XI, poursuivie sous le grand ministère de Richelieu, n'a été obtenue matériellement et moralement qu'à la grande Révolution française, dont nous suivons les grandes lignes et la tradition.

Pendant et depuis notre évolution, qui, à plusieurs reprises, a secoué les trônes comme la tempête secoue les grands arbres à les briser, nos voisins ont suivi nos traces, et leur unité se poursuit dans le domaine des faits comme dans celui des idées ; deux hommes illustres (Cavour et Bismarck) et la faute de notre diplomatie ont avancé l'heure, mais seulement avancé, cette unité des peuples est dans la loi de Dieu et dans celle de la nature ; la vie c'est l'agglomération de toutes les molécules, la mort c'est leur décomposition ; de là naissent ces courants d'affinité qui constituent l'équilibre général. L'unité de la France menaçant l'Europe devait forcément amener les autres peuples à se grouper selon leur origine.

Ceci établi, examinons ensemble quelles sont les conditions futures de ces unités, sur quels fondements elles reposent, ce qu'elles ont produit dans le passé, et, par ce chemin déjà ouvert, ce qu'elles seront dans l'avenir, afin, si cela est possible, de faire tourner les avantages de notre côté.

Je m'étonne, en effet, et sur ce point je me permets d'attirer votre attention, que M. de Bismarck ait pu, depuis les funestes conséquences de la guerre d'Allemagne, grouper la quadruple alliance, et je vais indiquer les points sur lesquels il devait s'appuyer pour arriver à ce résultat.

Nous savons tous que la Russie est travaillée par une société secrète dont les ramifications s'étendent dans toutes les classes, mais surtout dans la moyenne et dans la petite noblesse, des tremblements de terre se font ressentir, indiquant un cratère prêt à éclater.

Son état social et politique en formation ne lui permet que

deux issues : ou accomplir sa révolution intérieure, comme nous l'avons fait nous-mêmes, avec plus d'énergie et de rudesse encore, eu égard au tempérament de ce peuple, ou retarder cet essor par la conquête de l'unité dans les races. Cette question prédominante, ressortant d'une logique implacable régissant tous les mondes, doit l'emporter sur la première, l'agglomération et la formation de la matière avant l'œuvre du ciseleur.

C'est là le grand levier du chancelier de l'Allemagne, et en cela il est d'accord avec l'autocratie russe dont le tort est de comprimer l'élan de cette race indomptable qui doit jouer un grand rôle dans l'avenir.

De telle sorte que la Russie est entre deux logiques, ou la révolution ou la guerre, et alors l'autocratie russe ne voulant pas la révolution, le chancelier d'Allemagne ne voulant pas de lutte entre les deux peuples, besoin de suspicion contre la France dont les idées de progrès sont la torche qui peut communiquer l'incendie et que M. de Bismarck tient toujours à la main.

J'en dirai autant de l'Autriche, tout en conservant des nuances. L'Autriche est plus civilisée, plus libérale ; elle est aristocrate et catholique, au lieu d'être autocrate et schismatique ; là encore socialisme et matérialisme français sont un épouvantail dont se sert le grand homme d'Etat.

Quant à l'Italie, je suis d'un avis tout contraire ; ce peuple s'est grisé comme un parvenu de fortune, et ses hommes politiques se sont laissés duper par M. de Bismarck.

Que fallait-il à cet habile homme pour détourner l'Italie de son véritable courant ? Trente et Trieste ; il fallait lui faire

faire volte-face, l'empêcher de voir son ennemi, exciter sa convoitise, lui montrer la France mutilée, écrasée par l'alliance des trois colosses du Nord, la menacer de l'entraîner dans sa ruine si elle refusait de devenir le chacal de l'Allemagne.

Elle a commis là, cher et vénéré Maître, une grande faute nationale, une grande faute humanitaire.

Une faute nationale, car elle est allée contre toutes ses traditions antérieures, contre son passé, contre les lois de la nature, contre un devoir de reconnaissance envers ceux qui avaient fait son unité, la seule guerre qui ait donné de la popularité à l'Empire.

Une faute humanitaire, car elle a détruit les idées de cosmopolitisme, de république universelle et fait une loi à la France de ne penser désormais qu'à elle en lui imposant l'obligation de faire de la politique française, absolument française.

Pour l'Italie, oubliant les cent mille Français couchés dans les plaines de la Lombardie, je puis dire avec toute certitude que cet acte ne lui portera pas bonheur. L'ingratitude ne porte bonheur ni aux unités ni aux nombres, et lorsque l'heure de la souffrance arrivera pour elle, ne nous vengeons jamais, la vengeance est indigne d'un grand peuple, d'un Français; mais laissons-la à ses destinées, à moins que l'équilibre européen ou une loi de conservation commune ne nous oblige à l'aider; mais alors pas de générosité, nous nous ferons payer nos services.

Quant à l'Angleterre, son rôle la tenant par sa situation géographique en dehors de la question que je traite, je me contenterai de dire : jalouse de nous, si nous étions trop

forts, elle nous sacrifierait; au second rang, elle nous sou-
tiendra par esprit de bon voisinage; nous sommes près
d'elle. Nos rapports entre Londres et Paris sont journaliers;
et du jour où nous lui avons abandonné la prépondérance
des mers, la lutte entre les deux peuples a été à jamais finie;
elle est essentiellement commerçante, et à ce point de vue,
elle a besoin de nous, nous avons besoin d'elle; il n'y a pas à
attendre d'acte de générosité ni de mauvais traits; toutefois,
la France qui, elle, est toujours généreuse et Paris surtout,
ne devront pas oublier qu'elle a porté des vivres à la grande
ville affamée.

Ceci, je crois, parfaitement établi, cessons de nous occuper
de l'extérieur, revenons à la France, et alors, quel est le
rôle que ses hommes d'Etat doivent jouer avec esprit de suite,
avec persévérance, tout en suivant d'un œil attentif les évè-
nements qui se préparent, qui peuvent les retarder ou les
détourner de son cours normal, quel doit être son rôle passif
et son rôle actif?

Le premier doit consister à éviter tout ce qui peut être de
nature à consolider cette union précitée qui pèche par la base.
Nous devons apporter dans nos relations avec les puissances
une grande complaisance, tout en conservant notre dignité,
puisque dans la nature des choses, n'ayant aucun antago-
nisme d'intérêt ni de territoire, c'est nous qui devions
être les alliés de la Russie et de l'Autriche contre l'Allemagne. En effet, ces peuples, y compris l'Italie, pour
terminer leur unité doivent se désagréger pour passer
des uns aux autres, et souvenons-nous des paroles des
deux chanceliers d'Autriche et d'Allemagne : Pour aller

à Constantinople, la Russie devra passer par Vienne et Berlin.

Voilà, cher et vénéré Maître, la faute, la grande faute de l'Empire. Il a sacrifié la politique de la logique pour se maintenir et chercher encore une fois la fortune et la gloire dans une aventure où l'honneur et la vie même de la patrie ont failli sombrer.

Cette guerre, nous devions en profiter, notre politique était de la leur faire faire entre eux, car en vérité je vous le dis, un jour n'est pas éloigné où deux ou trois millions d'hommes se heurteront pour terminer la lutte. Quel parti alors la France attentive, et l'épée à moitié sortie du fourreau, pourrait tirer de cette situation ! du même coup elle reprendrait son unité et sa prépondérance.

L'avenir est donc à nous si nous savons le garder, si nous savons être sages ; mais pour cela pas de personnalités, pas d'intérêt général sacrifié aux intempérances, surtout pas de folie, de la sagesse, de l'union, de la force ; il faut rassurer l'Autriche, il faut rassurer la Russie. Nous sommes hors de jeu, hors de cause ; mais, pour l'amour de Dieu, plus de socialistes effrénés prêchant la guerre sainte de la république universelle, plus d'affiliation avec les sociétés secrètes étrangères, et surtout que ce sot amour-propre de liberté et d'hospitalité ne nous fasse pas exposer la France entière, son avenir, son existence même, pour un ou plusieurs hommes venant conspirer chez elle. Le grand ministre prussien a su tirer un parti immense du refus d'extradition d'Hartmann et l'attentat suivi de la mort du czar l'a servi à souhait.

Voilà pourquoi il faut rassurer ces peuples sur nos intentions et le reste viendra de lui-même.

En attendant, refaisons notre unité morale, reconstituons notre armée, perfectionnons, améliorons notre matériel, nos ateliers, nos arsenaux et sachons attendre.

Notre ennemi, devant notre relèvement rapide qui était une menace, a voulu revenir à la charge en 1875 ; cette fois la Russie qui a vu clair a fait rentrer l'épée. Aujourd'hui il est trop tard, l'Allemagne ne nous attaquera plus sans alliés, et il est de l'intérêt des autres peuples de ne pas se joindre à elle si nous sommes sages.

Donc, pas d'intervention, liberté de conscience, relations de bon voisinage, petits cadeaux qui entretiennent l'amitié.

Envisageons toutefois, en dépassant même la portée d'un siècle, ce que sera la France après l'unité accomplie des peuples qui nous entourent. Elle pourra être prépondérante à ce moment par l'épuisement des autres puissances, mais ce sera momentané, car numériquement inférieure en nombre, resserrée entre elles, elle reperdra cette prépondérance au fur et à mesure que la force reviendra aux autres nations.

Et pour obvier à cette infériorité que devons-nous faire ? Multiplier nos comptoirs commerciaux, porter l'âme de la France, son génie, son commerce sur tous les points du monde, en même temps que sa civilisation, organiser nos colonies, créer, à quarante heures de Marseille, une France nouvelle, capable un jour de payer les sacrifices que l'on aura faits pour elle, suivre les traces du sang fertile répandu par le colonel Flatters et ses compagnons, en un mot nous emparer de l'Afrique. Voilà la raison pour laquelle M. de Freycinet, ministre, malgré ses hautes conceptions, a fauté (les conséquences s'en feront sentir plus tard) ; mais les mathématiciens ne voient pas les choses futures, ils n'établissent leurs calculs que sur des points réels et précis, et voilà pourquoi alors les poëtes qui sont l'âme de la patrie, qui chantent ses gloires, qui versent des larmes de sang lorsqu'elle est mutilée et qu'elle souffre, qui répandent des gouttes de rosée lorsqu'elle est aimée et heureuse, voient de plus loin et de plus haut.

Que serait devenue la Révolution devant l'Europe coalisée sans la « Marseillaise » de Rouget de l'Isle? Qu'ont été les Girondins, et que sommes-nous encore aujourd'hui devant ce magnifique coucher de soleil qui prend pied dans deux siècles à la fois, dont le bras levé fait ombre sur le monde entier, au point d'arrêter l'éclair scintillant de la hache des bourreaux sur la tête des coupables? Ils croient tous en Dieu, c'est leur force, c'est leur gloire, ils les communiquent à la nation. Voilà pourquoi aussi le flambeau du christianisme, malgré ses fautes, éclaire encore depuis des siècles. Ne luttons pas contre cette idée consolatrice, elle est l'essence même de la vie; la détruire c'est aller au néant.

Et alors sous les yeux étonnés de l'Allemagne, déjouée dans ses calculs, ne pouvant battre la Russie sans avoir à craindre la France ou battre la France sans compter avec la Russie, allons toujours à la liberté, au progrès permanent, sans retour en arrière, mais sans précipitation et sans faiblesse.

Constituons un nouveau projet de colonisation pour l'Algérie, les moyens précédemment employés ayant été reconnus défectueux; faisons pour l'Afrique ce que les Anglais ont fait dans l'Inde, sans toutefois les copier, les éléments étant différents; créons des villages, facilitons l'émigration par tous les moyens. L'essor national et la fibre patriotique trouveront là de quoi s'occuper jusqu'au jour de la revanche.

Et alors si, contrairement à des prévisions si souvent déjouées par le destin , il arrivait que nous ayons encore à lutter pour l'existence , nous lèverions les yeux sur vous ; vous êtes le seul homme, par votre nom , votre patriotisme, votre éloquence, le charme et la séduction qui sont vos apanages, et la légende qui s'est formée autour de vous, vous êtes le seul homme, dis-je, capable de discipliner les forces républicaines et de commander un grand mouvement de résistance. C'est pour toutes ces raisons, c'est parce que j'aime la France de tout mon cœur, que je me permets d'élever mon humble voix, loin du bruit , loin des luttes. Et alors vous réaliserez, soit dans le présent, soit dans l'avenir, le rêve de votre existence, celui de presque tous les Français. Vous rendrez la France grande, heureuse, prospère, unie au dedans, respectée au dehors, et vous deviendrez la plus grande image politique de ce siècle où se comptent déjà de si grands hommes.

Veuillez agréer, cher et vénéré Maître, la nouvelle assurance de mon entier dévouement.

Votre frère ,

FOURNET E. .˙. Girondin.

P. S. Dans une prochaine lettre, je traiterai la grande question humanitaire : *L'amélioration des classes par la loi du travail et l'augmentation progressive du salaire sur le capital.*

Clermont-Ferrand, typographie Mont-Louis, rue Barbançon, 2.